W0170915

ALEXANDRA LÖHR

50 DINGE

DIE FRAU MIT 50 NICHT MEHR TUN MUSS

Pattloch

50

DINGE

50 DINGE, DIE FRAU MIT 50 NICHT MEHR TUN MUSS

50 DINGE, DIE FRAU
MIT 50 NICHT MEHR TUN MUSS

Liebe Leserin,

Sie haben auch Ihren **50**. Geburtstag gefeiert oder Sie sind kurz davor? Dann stehen wir gemeinsam an der Schwelle zur magischen zweiten Lebenshälfte. Herzlichen Glückwunsch! Wieso Glückwunsch?, fragen Sie sich jetzt irritiert. Pure Freude stellt sich bei dieser Zahl nicht ein. Kreisen in letzter Zeit in Ihrem Kopf immer öfter Sätze wie zum Beispiel: Sind diese Weh-wehchen schon die ersten Anzeichen der Wechseljahre? Wird meine Haut bald immer schlaffer? Schon wieder ein graues Haar entdeckt! Wie lahm kann mein Stoffwechsel eigentlich noch werden, während weder mein Appetit auf Süßes weniger noch mein Drang nach Sport größer wird? Ja, stimmt, das alles kommt auf uns 50-jährige Frauen zu, aber gleichzeitig betreten wir auch geheim-nisvolles Neuland, das uns Chancen bietet, die wir unbedingt ergreifen sollten. In unserer zweiten Lebenshälfte dürfen wir uns nämlich von Ballast, Anstrengungen, Einschränkungen sowie Zweifeln endgültig befreien und unsere Energie auf die Gegenwart und die Zukunft richten. Und wir haben laut Statistischem Bundesamt eine lange Zukunft vor uns – durchschnittlich werden wir nämlich 84 Jahre alt. Also machen wir uns bereit, sagen uns von allem Unnötigen los und genießen in vollen Zügen die nächsten 34 Jahre, in denen wir nicht unser Licht unter den Scheffel stellen, nicht in die mediale Schönheitsfalle tappen und nicht unsere Pläne aufschieben.

Sind Sie dabei?

Ihre

Alexandra Löhr

1.

IHR WAHRES ALTER VERRATEN

Sie kennen den Spruch:

»Ich bin so alt, wie ich mich fühle«

Aber wie alt fühlen sich Frauen um die 50 wirklich und was beeinflusst ihr Gefühl? An manchen Tagen, wenn der Alltag richtig zulangt, und nach durchwachten Nächten spüren Sie jedes Jahr. An anderen Tagen, wenn es das Leben gut mit Ihnen meint, fühlen Sie sich wesentlich jünger. In den Medien und auf den Social-Media-Kanälen werden mittelalte Frauen allerdings durchgehend bis auf wenige Ausnahmen von Frauen Ende 30 oder Anfang 40 dargestellt. Um etwas Realitätsnähe zu generieren, tragen diese wunderschönen Wesen ab und an coole graue Haarschnitte. Makellos weiße Gebisse, Topfiguren und charismatische Gesichter mit wohldefinierten Falten strahlen Leserinnen und Zuschauerinnen entgegen. *Aha, so gut sehe ich also immer noch aus!*, denken Sie beglückt, nehmen unwillkürlich Haltung an, ziehen den Bauch ein, entspannen die Zornesfalte auf der Stirn und lächeln sanft, um die Mundpartie zu liften. Schließlich ist 50 das neue 40. Auch in der Mode sind für Frauen keine eindeutigen

Altersgrenzen mehr auszumachen. Wir ziehen an, was uns gefällt! Welchen Vorteil können wir 50-Jährigen aus diesem medial präsentierten und gefühlten Altersdurcheinander ziehen? Dass keiner von uns verlangen kann, ständig unser wahres Alter kund zu tun. Denn mittlerweile ist es eben das jüngere, das gefühlte Alter, das zählt – und das ist auch gut so!

2.

GEGEN DEN BIOLOGISCHEN RHYTHMUS ARBEITEN

Gehören Sie zu denjenigen, die gegen oder mit dem ureigenen Rhythmus den Alltag bestreiten? Sollten Sie nicht wissen, welcher Chronotyp Sie sind, hier ein kleiner Test: Lesen Sie diese Seite morgens vor acht Uhr, dann gehören Sie zur privilegierten Gruppe der Frühaufsteher, deren Alltagsrhythmus nicht nur von der Gesellschaft geschätzt, sondern auch von der großen Mehrheit der Arbeitswelt gelebt wird. Sie haben Glück – Sie sind eine sogenannte Lerche! Bitte seien Sie nett zu der anderen Gruppe, den Nachtschwärmern, den sogenannten Eulen – zu denen gehöre nämlich ich –, die öfter mal mit dem Spruch bedacht werden:

Ach, auch schon wach? Wusste gar nicht, dass du vor Mittag sprechen kannst.

Lesen Sie diese Seite also nach 23 Uhr und fühlen sich topfit, dann kann ich nur raten: Leben Sie nach Ihrer biologischen Uhr, so gut es eben geht. Beginnen Sie Ihren Arbeitstag so spät wie möglich, lassen Sie sich von den Lerchen – den Early Birds – nicht verrückt machen. Diese Vögel arbeiten und entscheiden auch nicht besser als Sie, halt eben nur früher. Natürlich lassen sich manche zeitlichen Arbeitszwänge nicht ignorieren, aber drehen Sie an den Stellschrauben, die veränderbar sind. Leben Sie mit einem Frühaufsteher zusammen, überlegen Sie, getrennte Schlafzimmer einzuführen. Das belebt vielleicht sogar Ihr Sexleben. Je öfter Sie Ihrem natürlichen Biorhythmus folgen, desto entspannter, produktiver und ausgeschlafener werden Sie sein.

3.

IHR LICHT UNTER DEN SCHEFFEL STELLEN

Als 50-Jährige dürfen Sie auf jahrzehntelange Berufserfahrung stolz sein. Sie sind mittlerweile ein Profi, eine sogenannte Leistungsträgerin, die noch lange nicht zum alten Eisen gehört. Auf unzählige Erfahrungen, perfektionierte Abläufe und Routinen können Sie zurückgreifen, wenn es gilt, neue Herausforderungen zu meistern. Darauf sollten Sie stolz sein und sich nicht von jüngeren Kollegen durch schnelle Klicks und neue Begriffe verunsichern lassen. Wenn der Chef mal wieder ausflippt, können Sie das jetzt gelassen an sich abperlen lassen, weil Sie mittlerweile wissen, dass er einen schlechten Tag hat und nicht alles persönlich meint.

Hinter Ihren Berufsjahren stecken Tausende von Arbeitsstunden, die zu Erfolgen, Beförderungen oder auch zu manch schmerzhafter Fehlentscheidung geführt haben. Aus Letzterem lernt man bekanntlich mehr als aus den positiven Erfahrungen.

Auch privat haben Sie in diesen Jahren Glücksphasen erlebt sowie Krisen gemeistert, nach langen Arbeitstagen eine Beziehung geführt, Kinder großgezogen, den Haushalt gemanagt und allzu oft in Teilzeitarrangements für einen Bruchteil des Gehalts und der Anerkennung Vollzeitjobs gestemmt. Bravo!

Frauen, die das alles geleistet haben, brauchen sich vor nichts und niemandem zu verstecken, schon gar nicht vor viel jüngeren unerfahrenen, aber selbstbewussten Mitarbeitern.

Wenn Sie offen bleiben für Innovationen, haben Sie wunderbare Arbeitsjahre vor sich, während die jungen Kollegen nach Hause stürmen, um Kleinkinder und ihre Karriereambitionen zu versorgen. So kann es doch locker für Sie noch 20 Jahre weitergehen … cool!

4.

VAMPIRFREUNDINNEN AUSHALTEN

Sie haben bestimmt auch so ein anstrengendes Exemplar in Ihrem Freundeskreis: eine Vampirfreundin. Sie ist penetrant, weil sie nacht- und tagaktiv ist. Diese Spezies dürstet es zwar nicht nach Blut, aber nach ungeteilter Aufmerksamkeit. Bei jeder Verabredung erzählt die Vampirfreundin Ihnen ohne Punkt und Komma stundenlang nur von sich. Von dem Moment an, in dem sie Ihre Wohnung betritt, nimmt sie stetig immer mehr von Ihrem Raum ein. Stunden später bleiben Sie ausgelaugt und frustriert zurück. Weicht die Erschöpfung wieder, dämmert Ihnen langsam die Erkenntnis, dass Sie selbst kaum etwas gesagt haben. Doch wie immer waren Sie auch diesmal wieder zu höflich, dem Redeschwall dieser Person Einhalt zu gebieten und anzumerken, dass es doch schön wäre, wenn sich die Freundin auch mal nach Ihnen erkundigen würde.

Im Alter von 50 ist es nun allerhöchste Zeit, sich von solchen »Freundinnen« zu trennen.

Schließlich haben Ihre Zusammenkünfte mit dem Wechselspiel innerhalb einer Freundschaft nichts gemein. Seien Sie mutig und lehnen Sie das nächste Treffen konsequent ab. Hier ist Durchhaltevermögen gefragt. Die Energiesaugerin wird sich erst dann ein neues Opfer suchen, wenn sie realisiert, dass an Ihrer Zapfsäule nichts mehr zu holen ist. Übrigens: Ihre guten Freunde werden es Ihnen beim nächsten großen Fest erleichtert danken.

5.

Was für ein wunderbares Gefühl, nicht mehr dem neusten Modetrend folgen zu müssen, der oft so neu nicht ist, weil er Jahrzehnte früher schon einmal angepriesen wurde. Wie befreiend, nicht mit allen anderen die Modehäuser zu stürmen und sich in Kleidungsstücke zu werfen, die schon bei ihrem ersten Auftauchen in den 80er-, 90er- und 2000er-Jahren nicht wirklich kleidsam, aber schrecklich »in« waren. Fallen Ihnen jetzt auch taillenhohe Karottenhosen aus den 80ern ein und Plüschjacken, die angezogenen Badezimmervorleger aus den 90ern? Wäre es da nicht viel besser, anstatt dieselbe Modesünde erneut zu begehen, sich entspannt zurückzulehnen, die Beweisfotos von damals hervorzukramen und sich mit einem Lacher gepaart mit einer Prise Fremdschämen alten Erinnerungen hinzugeben?

Hand aufs Herz: Sie wissen doch mittlerweile, was Ihnen steht und welche Kleidungstücke, Farben und Schnitte Sie besser nicht tragen sollten. In welchem Outfit Sie sich stark und selbstbewusst fühlen und welcher Stil Ihre Persönlichkeit am vorteilhaftesten unterstreicht. Ich kann nur sagen: Qualität hat Quantität in meinem Kleiderschrank längst abgelöst und Fehlkäufe sind dadurch mit den Jahren immer seltener geworden. Ich habe entschieden, nur das eine oder andere angesagte Teil zur Garderobe zu kombinieren.

Das spart nicht nur Nerven, sondern auch Zeit, die ich besser zu nutzen weiß …

6.

DIE KOSTBARE FREIZEIT DURCH EINEN BILLIGURLAUB RUINIEREN

Haben Sie schon mal am Urlaubsziel mit Zuständen gekämpft, die Sie zu Hause niemals akzeptieren würden: eine schlampig gereinigte Unterkunft, fleckige Wände und Betten, die die Fantasie eines jeden Krimiautors anfachen, minderwertiges Essen, ungehobelte Tischnachbarn und eine durchgelegene Matratze, die Sie über Nacht zur 100-Jährigen altern lässt. Da wird der ersehnte Urlaub schnell zum Ärgernis. Und das alles nur, weil sich das Schnäppchen so verlockend auf der Webseite mit tickender Sale-Uhr präsentierte. Was immer Sie glaubten, gespart zu haben, raubt Ihnen später jegliche Erholung. Billigtourismus ade, kann ich da nur sagen! Im Alter von 20 war das noch okay, aber jetzt lautet meine Devise:

So komfortabel wie zu Hause sollte es im wohlverdienten Urlaub allemal sein.

Schreit Ihr Portemonnaie nun gequält auf, besänftigen Sie es und führen Sie die goldene Regel »Weniger ist mehr« ein. Verreisen Sie seltener und kürzer und wählen Sie eine Destination aus, die nicht horrende Anreisekosten generiert. Dann können die Sterne am Eingangsportal glänzen und Sie einen tollen Service, einen liebevoll gedeckten Tisch, köstliches Essen, traumhafte Boxspring-Matratzen und vielleicht sogar eine wunderbare Aussicht genießen. So ein Aufenthalt hat einen höheren Erholungswert als eine 14-tägige Asienreise im Zwei-Sterne-Segment. Und auch unter Ihre Umweltbilanz können Sie einen Haken setzen.

7.
SCHLECHTE BÜCHER ZU ENDE LESEN

In der zweiten Lebenshälfte erhält Zeit eine andere Bedeutung. Sie wird wertvoller, weil sie einem spürbar nicht mehr unbegrenzt zur Verfügung steht. Stehen Sie in einer Schlange oder im Stau und die Minuten zerrinnen Ihnen zwischen den Fingern, können Sie wenig dagegen tun. Bei der Lektüre Ihrer Bücher jedoch sind Sie die Herrin über Ihre kostbare Zeit. Wenn Sie eine begeisterte Leserin sind, wollen Sie natürlich so viele gute und atemberaubende Geschichten wie möglich konsumieren. Ein Mensch liest in seinem Leben maximal 5.000 bis 6.000 Bücher. Wenn Sie genussvoll und mit einem Lächeln im Gesicht dieses steile Ziel erreichen wollen, gibt's nicht allzu viele Möglichkeiten, außer Ihre Lektüren gnadenlos abzubrechen, wenn der Inhalt Sie nicht begeistert. Die Zeit ist zu kostbar, um sich durch langatmige Wälzer zu quälen. Wenn ein Buch Sie nicht auf den ersten 50 bis maximal 100 Seiten fesselt, verabschieden Sie sich davon und wenden Sie Ihre Aufmerksamkeit Ihrem noch ungelesenen Bücherstapel zu. Wenn Sie anfangs auf Nummer sicher gehen wollen und Ihnen die Story doch nicht aus dem Kopf geht, nehmen Sie die Lektüre zu einem späteren Zeitpunkt wieder auf. Das hat sich bewährt, und mit diesen Vorsätzen können Sie sich auf unbeschwerte und zahlreiche gute Lesestunden freuen.

Überlegen Sie mal, ob sie dasselbe Vorgehen nicht auch für Serien, Filme und Hörbücher anwenden.

8.

ES JEDEM RECHT MACHEN

Sie sind in Ihrer Lebensmitte in der ungeliebten Sandwich-Position gelandet? Sie stecken auf der einen Seite noch in der Betreuung Ihres Nachwuchses, während auf der anderen Seite bereits die gebrechlichen Eltern Hilfe benötigen. Und Ihre ersten Zipperlein machen sich auch bemerkbar. In meiner Praxis hört sich das so an: *Mama, fahr mich bitte schnell, ich bin spät dran*, während ich telefonisch mit meiner Mutter kläre, wie diese zur wöchentlichen Behandlung ins entfernte Kreiskrankenhaus kommt. Ich manage den Transport, lege auf und greife zum Mantel, um das Kind zu chauffieren. Währenddessen schreibt das andere Kind in die Messenger-Familiengruppe:

**Ich habe mir das Bein gezerrt,
kannst du mich vom Training abholen?**

Und nicht nur die Familie will ständig etwas von Ihnen, auch die Freundinnen brauchen Zuspruch. Hinzu kommt, dass diese Bedürfnisanhäufung mit weiblichem Perfektionismus angegangen wird. Frauen um die 50 machen selten halbe Sachen, sondern organisieren auf hohem Niveau. Mit diesem Anspruch haben Millionen von Leidensgenossinnen das letzte Jahrzehnt absolviert. Leider geht auch Superwoman irgendwann die Puste aus. Also heißt es Reißleine ziehen, öfter mal Nein sagen und Aufgaben delegieren. Das fällt am Anfang schwer, aber erstaunlicherweise geht die Welt davon nicht unter. Und Sie können dann endlich mal wieder durchatmen und selbst zum Hörer greifen und einer guten Freundin von Ihrem wilden Leben berichten …

9.
SICH KINDHEITSWÜNSCHE VERSAGEN

Als kleines Mädchen habe ich immer von einem Hund geträumt. Da ich ohne Geschwister aufgewachsen bin, wäre das Tier für mich nicht nur der perfekte Spielersatz gewesen, sondern auch mein Freund, der mir seine unbedingte Liebe und Loyalität geschenkt hätte. Die Verbindung zwischen Hund und Mensch ist ja seit jeher eine besondere. Später dann ist mein Bedürfnis nach einem Hund im quirligen Studien- und Arbeitsalltag und danach in der Familienplanung in der Versenkung verschwunden. Bis eines Tages mein jüngster Sohn mir anvertraute, dass er sich nichts sehnlicher wünsche als einen Hund. Da holte mich die Vergangenheit ein. Zunächst schreckte ich vor der zusätzlichen Verantwortung und Belastung zurück. Hatte ich doch gerade meine Kinder aus dem Gröbsten raus und schnupperte so etwas wie Freiheit. Doch der Wunsch meines Sohnes hatte auch meinen alten Kindheitswunsch wieder geweckt, und jetzt – Sie ahnen es bereits – haben wir einen Hund.

Das letzte Kind kommt mit Fell

… war der Spruch, der mir entgegenschlug. Darin steckt viel Wahrheit, aber weder muss ich den Hund wickeln noch stillen. Das tägliche Glück, mir diesen Wunsch endlich erfüllt zu haben, überwiegt jegliche Belastung. Welcher unerfüllte Kindheitswunsch schlummert in Ihnen?

Was möchtest du?

… fragte mich der Barista, ohne mit der Wimper zu zucken. Zunächst fühlte ich mich nicht angesprochen. Nachdem mich der junge Mann jedoch weiterhin eindringlich angeschaut und seine Frage wiederholt hatte, kapierte ich, dass ich hier als Kunde generell geduzt werde. Okay, das ist gewöhnungsbedürftig, aber keiner Diskussion wert, schon gar nicht in einem Coffeeshop, in dem jeder Handgriff auf Schnelligkeit trainiert ist und sich der Aufenthalt der Kundschaft auf ein Minimum beschränkt. Anders ist es jedoch im täglichen Arbeitsumfeld. Werden Sie auch von jüngeren Kollegen immer öfter völlig ungeniert geduzt, gerne schon bei der ersten Begegnung? Was ist passiert? Die deutsche Sprache bietet doch die wunderbare Wahlmöglichkeit zwischen dem förmlichen Sie und dem informellen Du. Als kompetente Frau im besten Alter stört mich dieses ungefragte, ungenierte Duzen und mittlerweile schrecke ich nicht mehr davor zurück, die Situation zu korrigieren und hier die Macht meines Alters spielen zu lassen. Auch auf die Gefahr hin, als konservativ zu gelten.

Ich halte mir gerade bei ersten Begegnungen gern alle Optionen offen und entscheide im Lauf der Zeit, wen ich in meinem offiziellen Umfeld sieze oder duze. Erinnern Sie sich jetzt auch an die eine oder andere Situation, in der ein Sie so viel angenehmer als ein Du war? Wie ging der Spruch noch mal: Es sagt sich viel leichter *Du* Arschlo… als *Sie* …

11.
FÜR ZWEITKLASSIGES ENTERTAINMENT DIE NACHT ZUM TAG MACHEN

Geht Ihnen das mittlerweile auch so: Sie waren zu einer Feier eingeladen, sind erst in den frühen Morgenstunden nach Hause gekommen und konnten den nächsten Tag gerade mal aus dem Kalender streichen. Wenn Alkohol im Spiel war, dann ist es sehr wahrscheinlich sogar noch einen Tick heftiger. Doch stellen

Sie aufgrund dieser neuen unangenehmen Nachwirkungen jetzt bloß nicht Ihre spätabendlichen fröhlichen Aktivitäten ein! Ganz im Gegenteil. Es stellt sich doch nur die Frage, für welchen Anlass es sich lohnt, so zu leiden?

Früher war oft die Tatsache wichtiger, dass gefeiert wurde, nicht wo und mit wem. So verbrachten Sie manche Nacht in unbekannten Wohnungen mit irgendeinem billigen Fusel in der Hand, beschallt von Musik, die Sie bei klarem Verstand und Sonnenschein wortlos abgedreht hätten.

Überlegen Sie sich heute etwas genauer, mit wem, wo und wie Sie feiern möchten. Ehrlich gesagt geht es ja kaum noch anders, weil sich die Nachtkultur den meisten 50-Jährigen völlig neu präsentiert. Welche Frau will schon vor einer Diskothek vom feisten Security-Macho gefragt werden:

Na, Mutti, wen wollen wir denn abholen?

Oder auf einer Ü-40- oder Ü-50-Party von selbstverliebten Vorstadt-Hugh-Hefners abgecheckt werden. Mit etwas Recherche und einem vergrößerten Radius lässt sich auf alle Fälle der passende Club finden, der Sie zu später Stunde mit diesem Kompliment begrüßt: Sie sehen heute umwerfend aus, schön, dass Sie wieder da sind! Und noch ein Vorteil: Sie dürfen nun ungeniert in Ihrer eigenen Wohnung feiern, und das nicht nur an Silvester und Geburtstagen …

12.
IN DIE MEDIALE SCHÖNHEITSFALLE TAPPEN

Sie sind 50 Jahre alt und oft fühlt sich Ihr Körper auch genauso an bzw. sieht so aus? Eine natürliche Entwicklung, oder? Wäre es nicht seltsam, wenn Sie die gleichen makellosen Beine wie Ihre Tochter hätten, dasselbe faltenfreie, alterslose Gesicht? Eine gruselige Vorstellung – bis Sie sich in den sozialen Medien umsehen. Dort herrschen nämlich Gesetze wie auf einem fernen Planeten, der keine Schwerkraft und kein lineares Fortschreiten der Zeit kennt. Die weiblichen Bewohner dieses Planeten stecken in schlanken, muskulösen Körpern, als ob sie für Olympia trainieren würden. Ihre Hülle: gebräunt und faltenfrei. Diese Wesen posieren mit vollen Lippen und falschen Wimpern und hinterlassen in Ihrem Gehirn die Botschaft: So sieht die begehrenswerte erfolgreiche Frau von heute aus.

Na klar, welche Frau um die 50 hätte nicht gern eine straffere Haut, definierte Wangenknochen und einen perfekten Teint?

Aber welche aktive 50-Jährige mit Job, Familie und Verpflichtungen kann und will sich täglich stundenlang an

Fitnessgeräten abrackern, ständig Termine beim Beauty-Doc wahrnehmen und grünschlammige entgiftende Säfte anstatt Nahrung zu sich nehmen? Ich habe festgestellt, dass mir meine Lebenszeit zu kostbar ist, um sie mit immer neuen Optimierungstrends zu vergeuden. Ich folge weiterhin der alten Regel: Wenn die Hose kneift, gibt es keine neue, sondern mehr Bewegung und weniger Leckereien.

13.
AN DEN FALSCHEN DINGEN SPAREN

Der Ruf nach Qualität
wird mit den Jahren immer lauter in mir,
während der Ruf nach
Quantität immer leiser wird.

Mein Geldbeutel hat zwar anfangs ab und an gejammert deswegen, mittlerweile ist er aber wieder still und zufrieden. Wofür lohnt es sich, tiefer ins Portemonnaie zu greifen? Und wo lässt es sich gut sparen?

Ich gönne mir zum Beispiel regelmäßige Friseurbesuche. Ein guter Haarschnitt und Pflege vom Profi sind eine Investition, die ich ständig spüre. Dafür gönne ich

mir ein teures Kleidungsstück weniger im Schrank. Das wirkt nämlich nur, wenn ich es auch trage. Auch kaufe ich immer öfter hochwertige Lebensmittel ein und bereite Sie mir eigenhändig zu. Das ist viel billiger als ein Restaurantbesuch und gut für meine Gesundheit. Ich rede hier nicht von großen Menüs, sondern von schnellen kleinen Gerichten wie Omeletts mit Gemüse oder Suppen. Draußen ignoriere ich tapfer teures Fast-Food-Essen, süße Snacks und Getränke to go. Und schon geht meine Rechnung auf.

Eine andere Investition, die sich für mich spürbar lohnt, sind hochwertige Schuhe. Nichts fördert so schnell meine schlechte Laune wie ein schlecht sitzender Schuh, der mir Blasen und Hühneraugen beschert. Die guten Treter halten in der Regel länger als jedes Billigpaar und werden vom Schuster auch liebevoll wieder repariert.

Hören Sie doch auch mal genau hin,
wenn der Ruf nach mehr Qualität
bei Ihnen erschallt.

14.

SICH VOR »ERSTEN MALEN« FÜRCHTEN

**Die Aufregung vor dem ersten Kuss –
erinnern Sie sich noch daran?**

Eine unvergessliche Erfahrung. Ebenso die erste Liebe. Ich zumindest schwebte auf Wolke sieben, empfand wahres Glück genauso wie den Schmerz und die Einsamkeit danach, die dann das Ende dieser Liebe mit sich brachte. Und wenn ich an den ersten ungelenken Sex denke … Viele Details dieser ersten Male sind längst im rosa Nebel meiner selektiven Wahrnehmung verschwunden.

 Ebenso ist auch die Ehe für uns 50-Jährige kein Mysterium mehr. Die Familienplanung samt aufregendem und schockierendem Moment der Geburt des ersten Kindes haben wir erleben dürfen. Wir wissen, was nach dem ersten Verliebtsein passiert, wir kennen den Ehe- und Familienalltag, Routine schreckt uns nicht mehr ab. Vielleicht hatte die eine oder andere von uns auch schon eine heiße Affäre. Gefolgt von einer eiskalten Scheidung. Womöglich sind Sie auch beruflich schon mal schmerzhaft an Ihre Grenzen gekommen?

15.

*Ich würde ja so gern einmal eine lange
Reise machen, eine neue Sprache lernen,
aber leider habe ich dafür keine Zeit.*

Wenn Sie nicht mit dem Teufel einen Pakt geschlossen oder bereits das Raum-Zeit-Kontinuum hinter sich gelassen haben, werden Sie wie der Rest der Weltbevölkerung nicht wirklich wissen, wie viel Lebenszeit Ihnen auf diesem Planeten noch vergönnt ist. Deshalb: Schluss mit dem Verschiebebahnhof, dem Zaudern und dem Zögern. Schieben Sie Wünsche und Ziele nicht mehr auf, sondern fangen Sie an, Ihre Träume zu verwirklichen – noch heute! Denn leider wird das kein anderer für Sie tun. Die Wahrscheinlichkeit, dass Sie Ihr Ziel jetzt wahr werden lassen, ist viel höher als in 15 Jahren – für diese Erkenntnis braucht es kein Mathestudium. Finden Sie heraus, was Ihnen wichtig ist, dann werden Sie auch Ihrer besten Freundin nach der dritten Weinschorle nicht mehr selbstmitleidig nur davon vorschwärmen, was man so alles tun könnte. Also: Leinen los und mit dem Hundeschlitten den Nordpol umrunden. In Texas Rodeo reiten. Mit dem Moped durch Sri

Lanka düsen. Suaheli oder Klavier spielen lernen und den Segelschein machen. Egal was, Hauptsache Träume verwirklichen! Das Leben findet jetzt statt!

Ach, und wenn Sie so alt werden sollten wie die berühmten 100-Jährigen aus den Blauen Zonen, die das magische Alter von 110 knacken und auf der griechischen Insel Ikaria oder der japanischen Inselgruppe Okinawa leben, dann entschuldigen Sie bitte, dass ich Sie in diesem jugendlichen Alter so gehetzt habe …

16.
SPORT TREIBEN OHNE DAS GEWISSE EXTRA

Sie lieben es, sich sportlich in der Natur zu bewegen, bis alle Alltagssorgen verschwunden sind und sich eine entspannte Ruhe im verschwitzten Körper ausbreitet? Aber immer öfter spüren Sie, wie Ihre Kondition nachlässt, der sonst so befreiende Sport zur Anstrengung wird. Sie haben schon überlegt, aufzugeben und sich mit langen Spaziergängen am Wochenende zu begnügen? Bitte nicht, denn es gibt wunderbare und sehr angesagte Lösungen. Ich habe mir zum Beispiel ein E-Bike

gekauft. Wann immer ich Unterstützung brauche, schalte ich bequem den elektrischen Motor dazu und schon radle ich die steilsten Berge hoch und erweitere meinen Aktionsradius enorm.

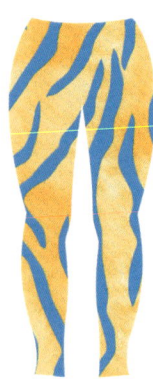

Das bedeutet nicht, dass ich mich fahren lasse. Ganz im Gegenteil, ich bewältige auf einmal wieder viel längere Strecken. Vom Einsteigermodell bis hin zur ultraleichten Carbon-Luxus-Profivariante ist für jeden Sportlertyp etwas dabei. Steigen Sie früh genug auf die elektrische Variante um, das erhöht die Wahrscheinlichkeit, dass Sie bis ins wirklich hohe Alter durch die Gegend radeln. Dasselbe gilt auch für all jene, die sich früher auf Surfbrettern in die Wellen geworfen haben. Schwören Sie nicht dem Wasser ab, sondern testen Sie ein Stand-up-Paddle, mit dem Sie mal sportlich, mal meditativ übers Wasser gleiten.

Eine wundervolle Erfahrung!

17.
SICH FÜR IHREN MUSIKGESCHMACK ENTSCHULDIGEN

Erinnern Sie sich noch an die magische Zeit in Ihrer Jugend, in der Sie Ihren Musikgeschmack entdeckt haben? Das einmalige Gefühl, endlich angekommen zu sein? Vielleicht sind Sie bis heute Ihrem Geschmack treu geblieben und haben über die Jahrzehnte zahllose Platten und CDs Ihrer Lieblingsbands und -künstler angehäuft. Dann stehen Sie heute vor Ihrem Musikregal und können aus einem musikalischen Poesiealbum aus Erinnerungen wählen, die Sie schwelgen lassen, Gefühle und Gedanken hochholen, die aus längst vergangenen Tagen stammen. Herrlich! Wenn Sie Ihre Musik heute noch unbeschwert mit guten Freunden privat, auf Konzerten oder in Clubs erleben können, sind Sie ein wahrer Glückspilz.

Schätzen Sie jedoch Töne, die aus gesellschaftlicher Norm nur einer jüngeren Altersklasse oder provokanten Minderheiten vorbehalten sind, wird es mit jedem neuen Lebensjahr im Nachtleben stiller um Sie.

Wer nicht im Mainstream zu Hause ist, hat es mit zunehmendem Alter schwer, seine Tanz- und Musikgelüste auszuleben. Dagegen hilft nur: Stehen Sie zu Ihrem Geschmack, auch auf die Gefahr hin, dass das hippe Nachtclub-Publikum Sie anfangs komisch mustert. Die gewöhnen sich schon an Sie und staunen heimlich über Ihre Tanz- und Textsicherheit.

18.

Ich habe regelmäßig Begegnungen mit Außerirdischen. Die Kreaturen sind mir seltsam vertraut und fremd zugleich. Untereinander sprechen sie eine nicht verständliche Sprache. Ich spüre, wie mich diese Wesen kritisch beäugen, aber es besteht keine direkte Gefahr für Leib und Leben. Doch entspannen darf ich mich auf keinen Fall, denn ich stehe einer Gruppe von Teenagern gegenüber. Laut galaktischer Artenstudie eine meist harmlose, aber schwer zugängliche Spezies. Sollten auch Sie ihnen begegnen, halten Sie kurz inne, bevor Sie etwas machen, das Sie bitter bereuen werden. Imitieren Sie auf keinen Fall die Sprache dieser Fremden, um eine Reaktion der Akzeptanz zu erlangen. Nichts ist schlimmer für diese Wesen als der stümperhafte Versuch der Verbrüderung. Besonders gefährdet für diesen fatalen Fehler sind Väter, die die hochbrisante Situation nicht umreißen und in fast kindlicher Naivität Worte sagen wie:

Na, Bros, was geht? oder: *Krass!*

Allein beim Aussprechen dieser Wörter ergreift jeden Teenager im Umkreis von einem Kilometer ein

Schmerz, der seinen schlaksigen Körper erstarren lässt. Wann immer ich ein *Ach, chill!* zum Besten geben will, halte ich sofort inne und zähle innerlich bis zehn. Denn in der Gegenwart dieser unberechenbar nachtragenden, schnell peinlich berührten Außerirdischen ist es am besten, wenig zu sprechen, dafür aber freien Zugang zu Softdrinks und Fast Food zu gewähren.

19.
OHNE PROFESSIONELLE HILFE UMZIEHEN

Sie kennen dieses einschneidende Erlebnis: der erste Umzug in die eigenen vier Wände. Damals organisierte der Vater den Kleintransporter, die Mutter packte Geschirr in Zeitungspapier ein und bereitete Brotzeit für die Helfer vor. Egal ob man in ein WG-Zimmer in derselben Stadt, in eine winzige Einzimmerwohnung in der Fremde oder mit dem ersten festen Partner zusammenzog, Freunde halfen gut gelaunt, die schweren Kisten durch enge Treppenhäuser zu schleppen. Später aßen die verschwitzten, fleißigen Helfer Wurstbrote und tranken Flaschenbier.

Gehören Sie zu den Rastlosen, bei denen sich dieses Prozedere immer noch alle paar Jahre wiederholt? Da habe ich ab heute ein viel bessere Idee für Sie! Von nun an gehören eigenhändige Umzüge und Aufbauten der Vergangenheit an. Warum?

Wir besitzen unendlich viele Dinge, im Schnitt sind es 10.000 Gegenstände pro Person.

Außerdem haben wir uns bestimmt in den letzten Jahrzehnten stabilere, wertvollere Einrichtungsgegenstände gegönnt, die von Profis getragen, transportiert und wieder aufgebaut werden sollten. Und haben Sie noch umzugswillige Freunde ohne Bandscheibenvorfall? Ich nicht! Sie wollen doch wegen kaputter Wertgegenstände und akuter Verletzungen Ihre Freundschaften nicht unnötig belasten. Ich habe beschlossen: Selbst durchgeführte Umzüge jenseits der 40 sind einfach tabu. Es lohnt sich, Profis zu beauftragen. So sparen Sie nicht nur Zeit und Nerven, sondern investieren auch in Ihre Freundschaften.

20.

Wir sind zu alt, um an Wunder zu glauben, dennoch tappen wir immer wieder in die Falle, hoffen auf eines und werden dann enttäuscht. Ab heute passiert uns das nicht mehr!

Sie wünschen sich, dass nach 25 Ehejahren endlich mal wieder frisch verliebter Wind zwischen Ihnen und Ihrem Partner weht? Erwarten Sie keine Wunder, sondern arbeiten Sie an Ihrer Beziehung, sprechen Sie miteinander oder holen Sie sich professionelle Hilfe in Form einer Therapie. Dann wird etwas passieren.

Sie hängen im Job durch, Ihr Chef schätzt Ihre Leistung nicht, Sie hoffen insgeheim auf eine Gehaltserhöhung. Erwarten Sie keine Wunder, sondern vereinbaren Sie einen Termin mit Ihrem Vorgesetzten und bereiten Sie sich gut auf das Gespräch vor, warum Sie seine Anerkennung und mehr Geld verdienen. Dann wird etwas passieren.

Sie wollen im Alter gut abgesichert
in einem hübschen Häuschen sitzen …
Sie wissen, was jetzt kommt …

Die Erkenntnis klingt hart, ist aber ungemein wertvoll: Kein Wunder wird es für Sie richten. Nur Sie selbst können sich die bestmögliche Version Ihres Lebens erarbeiten. Die gute Nachricht: Mit dieser neu gewonnenen Erkenntnis werden Sie aktiv und bestimmen eigenverantwortlich, wo und wie es in Ihrem Leben weitergehen soll. Und wollen Sie sich dennoch einen Restglauben an die Erfüllung von Wünschen bewahren, spielen Sie Lotto. Bei einer Wahrscheinlichkeit von 1:13.983.816, um sechs Richtige zu bekommen, können Sie nur auf ein Wunder hoffen.

21.
DIE SIGNALE IHRES KÖRPERS IGNORIEREN

Geht es Ihnen auch so? Bis vor Kurzem hatte mein Körper kein Bedürfnis, mit mir zu kommunizieren.

Entweder war er still oder sauer, was sich durch Erkältungen, Verspannungen oder Bandscheibenvorfälle äußerte. Aber nun sendet meine Hülle meinem Gehirn eine Flut von seltsamen Signalen. An einem Tag erreicht mich die Nachricht, dass alle meine Knochen wehtun, und das sind immerhin um die 206 Stück. Am nächsten Tag sind die Knochen plötzlich kein Thema mehr, sondern mein Nackenmuskel und die Schulterpartie sind bretthart wie die Steilwand am El Capitan. Und so geht das munter weiter. Und manchmal schweigt mein Körper auch und wiegt mich in falscher Sicherheit, dass alles wieder wäre wie früher.

Ich wiederum begleite meine körperlichen Speren-zien mit neuartigen Wortschöpfungen. Mir entweichen Laute wie *Oohh* und *Auauaua* und *Uffff*. Meinem Ge-stöhne muss ich sofort Einhalt gebieten, denn schneller als gedacht kommt der tückische Zeitpunkt, ab dem ich mein Wehgeschrei selbst gar nicht mehr wahrnehme. Jetzt hilft nur noch mehr Bewegung, bewusste Ernäh-rung und genügend Schlaf. Das sind Ihre neuen Wun-derwaffen, die sich neben Ihren alten Waffen Sexappeal, strotzende Energie und Partylaune einen Platz in Ihrem Alltag verdient haben.

22.
BILLIGE PLÄTZE RESERVIEREN

Nichts geht über einen gelungenen kulturellen Abend. Ob Kino, Konzert, Theater, Ballett oder Oper. Mit frischen Eindrücken gehen Sie danach beseelt nach Hause, den eigenen geistigen Horizont erneut erweitert. Dieses Hochgefühl stellt sich jedoch nicht ein, wenn ein Sitzriese vor Ihnen das Bild ausfüllt, ein Balken die Bühne zweiteilt, die Schauspieler nur mit dem Opern-glas zu erkennen sind oder das Orchester von Ihrem Platz aus nicht sichtbar ist. Unzählige Male saßen wir schon auf billigen Plätzen, weil wir es uns damals nicht leisten konnten. Oder verbrachten den Nachmittag in der Finsternis, während draußen die Sonne strahlte und das Leben im Biergarten tobte – nur weil Kinotag war. Räumen Sie heute großzügig diese Sitze für das junge Publikum und gönnen Sie sich einen komfortablen Platz mit bestem Blick auf das von Ihnen gewählte kulturelle Geschehen. In unserer Alterskohorte sollten das kulturelle Event und der dazu perfekte Sitzplatz Hand in Hand gehen. Über Stehplätze reden wir hier erst gar nicht. Ist es in unserem Alter nicht sogar eine Pflicht, die Kulturschaffenden zu unterstützen und die besten Plätze für uns zu reservieren? So entsteht eine perfekte Win-win-Situation. Jetzt, wo wir doch auch wissen, auf welchen Plätzen wir besonders gut sitzen: lieber seitlich und erhöht anstatt mittendrin, lieber vorn als hinten. Es muss ja nicht immer die erste Reihe sein. Aber ich habe mir bei meinem letzten Konzertbesuch eine Loge gebucht – und war im Glück! Die daraus resultierenden monetären Konsequenzen waren durch das Klangerlebnis doppelt eingespielt …

23.

Der Duden erklärt das Wort *Abenteuer* folgendermaßen: »mit einem außergewöhnlichen, erregenden Geschehen verbundene gefahrvolle Situation, die jemand zu bestehen hat«.

Wann haben Sie Ihr letztes Abenteuer erlebt? Sie grübeln und grübeln ohne Ergebnis? Sollte dieses außergewöhnliche Geschehen schon länger zurückliegen, ist es allerhöchste Zeit für mehr Kribbeln im Bauch. Wie wäre es denn mit dem Abenteuer, etwas in die Tat umzusetzen, wovon Sie seit Langem träumen, das aber von Ihrem Verstand stets beiseitegeschoben wird?

Gehören Sie zu denjenigen, die schon seit Ewigkeiten mit einer Bergbesteigung, einer Ballonfahrt oder einem Fallschirmsprung liebäugeln? Dann ist jetzt die Zeit gekommen, es anzugehen. Nichts ist frustrierender, als das sogenannte »goldene Zeitfenster«, also den bestmöglichen Zeitpunkt aus lauter Verzögerungstaktik verbummelt zu haben. Vielleicht muss es nicht das adrenalingetriebene Höhenabenteuer sein, sondern ein Tauchgang an einem Korallenriff, eine anspruchsvolle Wandertour oder eine exotische Reise auf eigene Faust.

Für einen kurzen Moment die Komfortzone zu verlassen, stärkt das Selbstbewusstsein.

Wann immer in Ihrem Gehirn ein Gedanke mit dem Etikett »Abenteuer« auftaucht − nehmen Sie ihn ernst. Vielleicht setzen Sie weniger auf gefahrvolle Situationen, sondern mehr auf außergewöhnliches Geschehen. Das Kribbeln im Bauch werden Sie allemal spüren.

24.

ES MIT KÖRPERSCHMUCK ÜBERTREIBEN

Früher waren es Gefängnisinsassen, Gangmitglieder, Matrosen, Prostituierte und Soldaten, die stolz ihre Tätowierungen trugen und somit zeigten, dass sie besonders und verwegen waren. Ihren Ursprung haben die Tätowierungen bei den indigenen Völkern. Manche sprachen ihren Körperbemalungen sogar magische Kräfte zu. Mittlerweile hat der permanente Körperschmuck längst den Mainstream erreicht. Jeder fünfte Deutsche ist mittlerweile tätowiert. Tendenz steigend.

In der Altersgruppe 50 bis 59 sind fast 20 Prozent der Frauen tätowiert.

Auch hier: Tendenz steigend. Piercings erfreuen sich ebenso immer größerer Beliebtheit, besonders im weiblichen Bauchnabel. Hinzu kommt, dass die Anzahl der Frauen, die sich Permanent-Make-up tätowieren lassen, ebenso steigt.

Mir stellt sich da allerdings die Frage: Wirken Frauen um die 50 mit all diesen Permanent-Verschönerungen und metallischen Accessoires wirklich attraktiver, begehrenswerter und jünger? Eine Frage, die sich natürlich jede Frau selbst beantworten muss. Ich habe für mich beschlossen, dass ich auch weiterhin gegen diesen Trend schwimmen und irgendwann in naher Zukunft eines der seltenen weiblichen Exemplare sein werde, das weder tätowiert noch gepierct ist. Es sei denn, ich bekomme eine Körperbemalung mit einer magischen Kraft …

25.
TATENLOS ZUSEHEN

Laut einer OECD-Studie aus dem Jahr 2019 erhalten in Deutschland Frauen 46 Prozent weniger Rente als Männer. Die Hauptgründe dafür sind das Geschlecht und häufigere Teilzeitphasen.

Und wussten Sie, dass jede dritte bzw. vierte Frau einmal in ihrem Leben Opfer von häuslicher Gewalt wird, sei es körperliche, sexuelle oder emotionale?

Und das passiert Frauen jeden Alters und in jeder sozialen Schicht. Kommt es zu häuslicher Gewalt, besteht die Gefahr des Wohnungsverlusts, wenn nur der Mann im Mietvertrag steht. Laut Schätzung der Bundesarbeitsgemeinschaft Wohnungslosenhilfe haben 59.000 deutsche Frauen kein Dach über dem Kopf. Sie schlafen bei Freunden, im Auto oder bei Fremden im Tausch gegen Sex.

Das sind erschütternde Zahlen für eine Industrienation wie Deutschland. Sie werden jetzt hoffentlich fragen: *Was können wir dagegen tun?* Ein erster Schritt wäre: nicht wegschauen, sondern aktiv werden. Wir

Frauen müssen uns um uns selbst und unser Geschlecht kümmern.

Ich habe beschlossen, Frauen in meinem Umfeld, denen es nicht gut geht, meine Hilfe anzubieten. Oder wenn ich zum Beispiel auf dem Weg zur Arbeit oder zum Einkaufen an einer Obdachlosen vorbeigehe, sie freundlich zu grüßen und mit einer kleinen Spende zu unterstützen. Nicht mehr wegzuschauen und mich auch nicht zu scheuen, die jeweiligen Fachberatungsstellen zu kontaktieren. Mehr Frauensolidarität auf allen Ebenen kann auf keinen Fall schaden, finde ich.

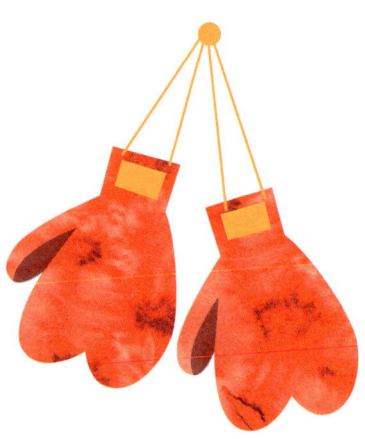

26.
VOREILIG NEIN SAGEN

Nein, das kommt für mich nicht infrage. Nein, das geht leider nicht, dafür bin ich zu alt. Nein, das kann ich mir zeitlich nicht leisten.

Wenn Sie diese Aussagen von sich gewöhnt sind, versuchen Sie es doch mal mit folgendem Experiment: Achten Sie bewusst in den nächsten vier Wochen darauf, welche Angebote Sie vorschnell absagen wollen, halten Sie kurz inne und sagen Sie wagemutig stattdessen zu. Was kann Ihnen im schlimmsten Fall passieren? Dass Sie doch eine Urlaubswoche im Ferienhaus vom Nachbarn verbringen und es dort großartig finden? Dass Sie am Spieleabend teilnehmen und es kurzweilig und sogar lustig ist? Dass Sie dankbar sind, doch die sportliche Aktivität ausprobiert zu haben? Dass die Essenseinladung bei Bekannten keine Pflichtübung, sondern ein feuchtfröhlicher Abend wird?

Antworten Sie oft aus reiner Gewohnheit und Bequemlichkeit, ohne groß darüber nachzudenken? Aber Ihr Gehirn will auch jetzt noch mit neuen Eindrücken und Erlebnissen gefüttert werden, um fit und leistungsstark zu bleiben. Machen Sie Ihre Welt nicht voreilig klein und eng. Und sollte eine Ihrer spontanen Zusagen dann doch ein Reinfall sein, buchen Sie das einfach unter Erfahrungen ab. Also, viel Spaß beim mutigen Zusagen!

27.
SICH PERSÖNLICHEN KOMFORT VERKNEIFEN

Wenn ich ehrlich bin: Seit ich die 50 überschritten habe, liebäugele ich immer öfter mit persönlichem Komfort in allen Lebenslagen. Einmal erlebt, möchte ich ihn nicht wieder missen. Welchem Luxus erliegen Sie heimlich oder schon ganz ungeniert? Ist es das sündhaft bequeme Boxspring-Bett in den eigenen vier Wänden, das jede Fremdübernachtung zum Albtraum werden lässt? Ist es der Erste-Klasse-Sitz in der Bahn oder im Flieger, der sogar unerträgliche Mitreisende in Lämmer verwandelt und lange Strecken in Windeseile vergehen lässt? Ist es die bequeme Taxifahrt, wenn es mal wieder spät wurde oder das Wetter nicht mitspielt?

Auch wenn wir uns mittlerweile das eine oder andere leisten können, begleitet uns oft das schlechte Gewissen. Warum eigentlich? Verdient haben wir es uns allemal. Haben Sie keine Scheu und stehen Sie selbstbewusst zu Ihren luxuriösen Eskapaden. Ignorieren Sie die dummen Sprüche Ihrer Neider und kontern Sie: *Wann, wenn nicht jetzt?* Schließlich reist es sich mit Rollator auch in der ersten Klasse nicht mehr so unbeschwert und die Taxifahrt zum Arzt ist ja nun wahrlich kein Highlight.

> **Vielleicht sollten sich Frauen untereinander viel freimütiger ihre kleinen persönlichen Komfortgelüste anvertrauen.**

Bitte sagen Sie es weiter, aber ich habe mein Herz nicht nur an meinen Mann, sondern auch an Fünf-Sterne-Hotels verloren. Und was ist Ihr kleines luxuriöses Geheimnis?

28.

IN DIE VERGANGENHEIT FLIEHEN

Ach, wie schön es doch damals war. Wie jung ich da noch war. Da war ich noch rank und schlank.

Wenn Ihnen diese Sätze oft über die Lippen kommen, schwelgen Sie bestimmt gern in der Vergangenheit, hängen Ihren Erinnerungen an bessere Zeiten nach. Oder gehören Sie zu denjenigen, die mit Ihren damals getroffenen Entscheidungen hadern?

Hätte ich mal besser Klaus geheiratet.
Die Ausbildung war die reinste Zeitverschwendung! Wie konnte ich das damals nur tun.

Egal ob Sie schwelgen oder hadern, Sie befassen sich mit Vergangenem und agieren nicht aktiv in der Gegenwart. Ab und an mal an Jugendsünden oder -freuden zu denken, ist völlig normal, aber in dieser vergangenen Welt Zuflucht zu suchen, weil im Hier und Jetzt scheinbar nichts mehr geht, ist wahrlich keine Lösung. Sie können die Zeit nicht zurückdrehen und wahrscheinlich führt Ihre Flucht zu noch mehr Unzufriedenheit über Ihren Ist-Zustand. Es ist viel wichtiger, den Moment zu leben und die Zukunft zu gestalten. Jetzt gilt es, neue Freiheiten zu entdecken. Dazu ist Ihre Kreativität gefragt. Planen Sie, trauen und muten Sie sich neue Herausforderungen zu, nur so werden Sie Ihr Leben noch lange aktiv mit vielen neuen Erinnerungen füllen. Stellen Sie sich vor, Sie schauen als 70-Jährige auf Ihre 50er zurück und sagen, hätte ich das mal bloß damals noch gemacht … Das wäre doch sehr, sehr schade!

TO DO!

WAS SIND MEINE WÜNSCHE?

29.
DEM PERFEKTIONISMUS HULDIGEN

Klammheimlich hat sie sich in Ihr Leben geschlichen – die Perfektion. Mit zunehmender Erfahrung und Routine ist der Anspruch an Fehlerlosigkeit und Perfektion gewachsen. Im Job sind Sie routiniert, Sie üben ihn lange genug aus. Fehler werden auch vom Chef nicht mehr so geduldet. Doch oft sind Sie vorauseilend schon Ihre ärgste Kritikerin, und alles, was Sie nicht makellos abliefern, ist inakzeptabel.

Auch in Ihrem Zuhause hat sich die Perfektion breitgemacht in Form von stets glänzenden Böden, freien Flächen und makelloser Ordnung.

Besonders in der Küche läuft bei Ihnen alles auf hohem Niveau ab. Exotische Gerichte werden genauso aus dem Ärmel geschüttelt wie feinste Hausmannskost.

Aber immer öfter fragen Sie sich in schwachen Momenten: Ist das wirklich immer nötig und vernünftig? Meistens spüren Sie die Anstrengung nicht mehr, so normal ist das alles für Sie geworden. Sie sind es gewohnt, immer und überall zu performen – das raubt Ihnen kostbare Lebenszeit und Energie. Wie wäre es mit folgendem Experiment: Sie geben mal nicht 110 Prozent, sondern nur 80 Prozent. Es muss ja nicht die wichtige Präsentation im Job sein, die diesem Experiment als Erstes standzuhalten hat. Mit Ihrer Lebenserfahrung dosieren Sie das schon richtig und gewinnen so wieder mehr Raum und Kraft für sich zurück. Hier ist ein bisschen Mut gefragt – aber es lohnt sich!

30.
DER COUCH DEN VORZUG GEBEN

Der Job ist für den Tag erledigt, der Haushalt ist in einem akzeptablen Zustand und kleine wie große Kinder sind versorgt. Keiner will mehr was von Ihnen und Sie wollen nur noch Ihre Ruhe.

Erschöpft legen Sie sich auf die Couch und atmen aus. Wer könnte nach getaner Müh dagegen etwas einwenden? Niemand! Denn es wird erst 30 Minuten später richtig spannend. Wieso? Dann entscheidet sich nämlich, ob Sie gestärkt wieder aufstehen und den Abend nach Ihren Interessen und Wünschen verbringen oder ihn passiv vor dem Fernseher vertrödeln. Die letzte Variante ist leider der Standard. Die meisten von uns liegen abends gern mal faul vor dem Fernseher mit einem guten Getränk und einer süßen Belohnung und lassen sich unterhalten. Aber Abend für Abend? Da gibt es doch bessere Möglichkeiten, oder? Ist Abwechslung nicht schon immer der Schlüssel zum Glück gewesen? Und damit ist nicht der Wechsel zwischen dem »Tatort« und der Rosamunde-Pilcher-Verfilmung gemeint. Nutzen Sie Ihre wertvolle freie Zeit: Treiben Sie Sport, treffen Sie sich und plaudern Sie mit Freunden, lesen Sie Romane, die Sie in fremde Welten entführen, gehen Sie mit Ihrem Partner spazieren oder planen Sie Ihre Zukunft. Nach einer selbstbestimmten, aktiven Abendplanung werden Sie viel entspannter und glücklicher ins Bett gehen als nach einem Abend auf der Couch, begleitet von dem Gefühl, dass außer Arbeit an diesem Tag nichts passiert ist.

31.
IHREN SCHWÄCHEN MEHR GEHÖR SCHENKEN
ALS IHREN STÄRKEN

In der Alterskohorte 50 plus ist ein Missstand immer noch weit verbreitet: Frauen untereinander fokussieren mehr ihre Schwächen als ihre Stärken.

Kennen Sie eine Männergruppe, die sich gegenseitig ihre Schwächen aufzählt? Warum auch? Damit sie noch besser darin werden? Ist es nicht viel spannender und effektiver, die Aufmerksamkeit auf die eigenen Stärken zu richten? Eine besondere Schwäche, die wir mittelalten Frauen unbedingt ablegen müssen: mangelndes Vertrauen in die eigenen Fähigkeiten. Das Paradebeispiel: Ihr Arbeitgeber schreibt eine Führungsposition aus. Es gibt eine ordentliche Anzahl von männlichen Anwärtern. Sie staunen, viele der Bewerber wären für Sie weder aufgrund ihrer fachlichen Kompetenz noch aufgrund der bescheidenen Anzahl von Berufsjahren auch nur in die engere Auswahl gekommen. Aber auch zwei weibliche Kandidatinnen überlegen, sich auf die Position zu bewerben. Beide sehr kompetent, mit viel Erfahrung und dem nötigen Biss. Was passiert? Eine der beiden bewirbt sich erst gar nicht, weil sie der Meinung ist, nicht ausreichend qualifiziert zu sein, dabei wäre sie perfekt für die Position. Ob sich dann die andere Kandidatin gegen die übermächtige Anzahl der männlichen Bewerber durchsetzen kann, beantworten die Arbeitsmarktstatistiken und Diskussionen um Quotenfrauen. Diese Schwäche sollten wir Frauen mit vereinter Kraft hinter uns lassen. Es ist allerhöchste Zeit!

32.
DINGE HORTEN

Halten Sie mich bitte nicht für verrückt …

… aber ich liebe es aufzuräumen, mich von nutzlosen Gegenständen und dekorativem Schnickschnack zu trennen! Kein Grund für Sie, jetzt nervös zu werden, denn mir geht es nicht darum, einen cleanen Lifestyle zu propagieren, der Sie zur manischen Schubladenaufteilungsspezialistin werden lässt. Mir geht es um einen Befreiungsschlag, der Ihr Zuhause in einen Ort verwandelt, an dem Sie aufatmen und zur Ruhe kommen. Ich habe beste Erfahrungen damit gemacht, mich von angehäuften Sachen zu trennen, die mir Raum wegnehmen und mich schlimmstenfalls mit einem ständig schlechten Gewissen konfrontieren, warum sie immer noch nicht einsortiert oder entsorgt wurden.

In Japan wird Osoji – das »große Säubern« – immer am Jahresende zelebriert. Alle Gegenstände werden aus einem Raum entfernt, dieser wird gesäubert und nur jene Dinge, die der Besitzer wirklich braucht, werden wieder hineingestellt. Dieses Säuberungsritual können Sie beim großen Zen-Meister Shunryu Suzuki nachlesen, wenn Sie mehr darüber wissen wollen.

Misten Sie gründlich aus, sorgen Sie für Platz in Ihrem Zuhause, damit Ihr Blick schweifen und Ihre Seele zur Ruhe kommen kann. Wenn Sie nicht allein wohnen, suchen Sie sich – am besten nach Absprache – einen Raum aus, den Sie nach Ihren Bedürfnissen »entleeren« können. Behalten Sie nur das Nötigste, schaffen Sie klare Strukturen und genießen Sie die neue Atmosphäre.

33.

GRUSELIGE UNTERWÄSCHE TRAGEN

Kennen Sie den Moment der Wahrheit im harten OP-Licht der vollverspiegelten Umkleidekabine? Ihre Figur, Ihr Teint, sogar Ihre Haare sind plötzlich eine ausgewachsene Vollkatastrophe.

Als wäre das nicht schon genug, tragen Sie ausgerechnet heute den zart angegrauten BH, der an die panzerartigen Büstenhalter der Großmütter erinnert, und einen ausgeleierten Slip in einer undefinierbaren Farbe. Verständlich, dass Sie als sonst so willensstarke Frau um die 50 zum heulenden Kleinkind mutieren. Und das alles nur, weil Sie ein T-Shirt und eine Hose anprobieren wollten, die Sie spontan im Sale angelacht haben.

Was lernen wir daraus? Dass wir ab sofort jeden Tag Unterwäsche anziehen, die uns schmeichelt, unser Körpergefühl unterstützt und unsere weiblichen Kurven, egal wie stramm sie sich präsentieren, bestens in Szene setzt. Ziehen Sie schöne Unterwäsche für sich an und nicht für das Praxisteam bei der nächsten Untersuchung oder dreimal im Jahr, wenn ein besonderer Anlass nach passender Unterwäsche verlangt. Durchstöbern Sie Ihre Wäscheschublade und tragen Sie von nun an täglich das gute Zeug und scheuen Sie sich nicht, stetig in passende Garnituren zu investieren. Es wird sich großartig anfühlen, versprochen!

34.
OHNE LESEBRILLE EINKAUFEN

Noch vor Kurzem konnten Sie das Haus verlassen und nur mit Schlüssel und Portemonnaie in der Hand zum Einkaufen gehen. Machen Sie das im Alter 50 plus, könnte Ihr Einkauf ziemlich abenteuerlich verlaufen. Mir ist zum Beispiel Folgendes passiert: Ich stehe im Laden vor dem Lebensmittelregal und suche ein Müsli ohne Nüsse. Ganz selbstverständlich schaue ich auf der Zutatenliste einer der Packungen nach, aber leider tanzen nur winzige schwarze Flecken vor meinen Augen.

Ich zwinkere, halte die Packung auf Armeslänge von mir weg – die Flecken bleiben. Ist das zu fassen?

Mein Blick fällt auf den Einkaufswagen und glücklicherweise finde ich dort eine Lupe am Griff befestigt.

Nun verstehe auch ich, warum. Ich halte die Müsli-schachtel darunter und aus den schwarzen Flecken werden wieder Buchstaben. Heureka! Mein Hochgefühl währt jedoch nicht lange. An der Kasse will ich der Kassiererin den Betrag für das nussfreie Müsli passend in Münzen geben. Leider gibt es dort keine Lupe, sodass ich in meinem Portemonnaie die 2-Cent-Stücke von den 1-Cent-Stücken nur sehr schwer unterscheiden kann. Nach längerem Herumklimpern mit dem Hartgeld zücke ich einen großen Schein für den kleinen Betrag. Die hochgezogene Augenbraue der Kassiererin ignoriere ich geflissentlich. Und auf dem Heimweg beschließe ich, mir nun doch umgehend eine Sehhilfe anzuschaffen. Und ich habe da auch schon ein todschickes Modell im Schaufenster des Optikers gesehen …

35.

Der Alltag hält Sie ordentlich auf Trab, Ihre Liebsten verlangen Ihre Aufmerksamkeit und Zuwendung, der Job fordert seinen Tribut – und als wäre das noch nicht genug, wollen Sie auch noch fit sein und toll aussehen. Das ist ein beachtliches Pensum, das wenig bis keine Zeit zum Müßiggang lässt. Da scheint es nicht verwunderlich, all dem manchmal entfliehen zu wollen. Stellen Sie sich vor, Sie wären auf einer einsamen Insel, aller Stress läge hinter Ihnen und Sie hätten es nur noch mit sich zu tun. Großartige Vorstellung! Doch plötzlich tauchen sie auf, die existenziellen Fragen:

Wer bin ich? Was ist der Sinn meines Lebens?
Lebe ich das Leben, das ich mir wünsche?
Wenn ich morgen sterben würde, was hätte
ich alles versäumt?

Warten Sie nicht, bis diese Fragen Sie im hohen Alter überrollen, sondern setzen Sie sich jetzt damit auseinander. Erobern Sie sich in Ihrem Alltag kleine Denk-Oasen: Nehmen Sie ein Bad oder gehen Sie spazieren und geben Sie Ihren Gedanken Raum. Lassen Sie die wichtigen Lebensfragen zu und arbeiten Sie an sich und Ihren Antworten. Das wird Ihnen, wenn Sie später Ihr Leben resümieren, manch eine Überraschung oder Enttäuschung ersparen. Je mehr Sie mit sich im Reinen sind und wissen, was Sie wirklich wollen und wer bzw. was Ihnen guttut, desto selbstbestimmter meistern Sie nicht nur den Alltagswahnsinn, sondern genießen auch Ihr Dasein. Sie wollen schließlich Ihre Tage mit Leben und nicht Ihr Leben mit Tagen füllen.

36.

Natürlich weiß ich, welche Beträge auf welchen Konten sind, wie hoch der Kredit für die Wohnung ist, wie es um unser Urlaubsbudget steht, aber bei den Themen Steuer, Versicherung und Altersvorsorge habe ich immer eine spontane nebulöse Amnesie und hoffe, dass mein Mann den Akten- und Zahlenkram übernimmt. Das hat zur Folge, dass ich in schöner Regelmäßigkeit so naive Fragen stelle wie:

Wie hoch ist meine gesetzliche Rente? Soll ich nicht doch noch eine Lebensversicherung abschließen? Warum lohnt sich Riester für mich nicht? Wann ist die Steuer fällig?

Beruflich und in meiner Rolle als Mutter würde ich mir diese naive, unwissende Haltung nie erlauben. Wieso bei diesen Themen? Stecke ich in alten Rollenklischees? Ich habe beschlossen, das muss sich mit 50 plus ändern. Ich will über meine gesetzliche Rente Bescheid wissen, ich will wenigstens um meine nur noch spärlichen Optionen für eine private Absicherung im Alter wissen und vielleicht doch noch etwas abschließen oder ausprobieren. Will verstehen, warum ETFs auf lange Sicht nie verkehrt sind, und werde meine Steuerunterlagen diesmal pünktlich abgeben.

Doch das Wissen werde ich mir allein erobern, sonst falle ich in alte Gewohnheiten zurück. Hilfe finde ich im Netz. Zahlreiche kostenlose Webinare vereinfachen mir den Einstieg. Sind Sie auch bereit, Ihre dunklen Flecken ans Licht zu holen?

37.
SICH MIT DER NEUSTEN DIÄT KASTEIEN

Es gibt wohl kaum eine Frau um die 50, die sich nicht wiederholt mit irgendeiner Diät gequält hat, um die überflüssigen Pfunde loszuwerden. Die Low-Carb-Diät, die Atkins-Diät, die Paleo-Diät, das Intervallfasten und das Clean-Eating sind für das weibliche Geschlecht keine Fremdwörter. Uns Frauen wird ja gern nachgesagt, dass wir uns nicht für Zahlen interessieren, geht es jedoch um das Minimieren von Kalorien, sind wir wahre Rechenspezialistinnen. Keine Trennkost ist dann zu eintönig, kein Abwiegen zu nervig, keine Zubereitungsart zu kompliziert. Mal mit längerfristigem, mal mit flüchtigem Erfolg. Das Gute ist, im Alter von 50 kennen wir unsere Schwachstellen. Sind es die Süßigkeiten, die bei zunehmendem Stress konsumiert werden, oder ist es doch eher der deftige Snack zwischendurch?

Das ewige Diäthalten wird doch wohl nicht noch mühsamer werden mit langsamerem Stoffwechsel und daher niedrigerem Kalorienbedarf?

… fragen wir uns jetzt stöhnend. Doch! Jetzt ist es an der Zeit, grundsätzliche Entscheidungen zu treffen: für mehr Bewegung (zum Beispiel 7.500 bis 12.000 Schritte am Tag), wöchentlichen Sport, gesunde Mahlzeiten, weniger Snacks und so wenig Zucker wie möglich. Probieren Sie es aus und Sie werden sehen, Sie müssen nie wieder Blumenkohlröschen minutiös abwiegen, auf Kohlenhydrate verzichten, Kalorien zählen und sich kasteien.

38.

Der Bikini beschäftigt uns Frauen schon so lange, wie es diesen umstrittenen und aufregenden Zweiteiler gibt. Er wurde besungen, museal ausgestellt, heiß diskutiert und bis heute millionenfach getragen oder eben auch nicht. Allein der Name dieses Kleidungsstücks offenbart seine Brisanz: 1946 erfand ausgerechnet ein Maschinenbauingenieur den Bikini. Louis Réard benannte seine Kreation nach dem Bikini-Atoll, auf dem kurz zuvor ein Atombombentest stattgefunden hatte – wegen seiner explosiven Wirkung.

Die zentrale Frage, die sich bis heute viele Frauen um die 50 stellen, lautet:

Fühlen wir uns wohl in unserer Haut, so enthüllt am See, im Schwimmbad oder am Strand?

Zeigen wir selbstbewusst unseren Körper, auch wenn er vielleicht nicht den realitätsfernen Schönheitsidealen der Medien entspricht? Wenn unser Bauch nicht mehr flach, unsere Brüste nicht mehr prall und unsere Haut nicht mehr straff sind? In einer perfekten Welt würden jetzt alle Frauen sofort Ja! rufen. Die Realität sieht leider anders aus. Wir quälen uns immer noch mit körperlichen Idealanforderungen, während die Herren der Schöpfung selbstbewusst, behaart und mit wohlgenährten Bäuchen in altmodischen Badehosen am Wasser herumstolzieren. Warum tragen wir nicht einfach unsere Bikinis, wann und wo immer wir wollen, und präsentieren uns stolz mit geradem Rücken? Was Mann schon immer konnte, sollte Frau spätestens ab 50 auch können!

39.
DIE FAMILIE BEDIENEN

**Leiden Sie auch an der seltenen Krankheit,
die nur Frauen ab einem gewissen Alter befällt?**

Im Volksmund ist sie als »Bedienitis« bekannt. Hier ein Schnelltest, der sofort und eindeutig klärt, ob Sie auch betroffen sind: Sie sitzen mit Ihrer Familie am Tisch beim Abendessen. Ein Familienmitglied bemerkt, dass etwas fehlt. Wer springt auf und holt es? Sie! Es wird lautstark nach Essen verlangt und nur eine Person wird dabei angeschaut. Sie! Schmutzige Pfannen, benutzte Teller, schmierige Gläser säumen die Küchenzeile. Wer zuckt als Erster im Küchenmikado und räumt auf und spült? Sie! Wie schwer Sie bereits betroffen sind, klärt diese letzte Frage: Wenn nur Sie als einzige Person im Haushalt wissen, wo sich die Gegenstände des täglichen Bedarfs befinden, leiden Sie unter der schlimmen Variante »Bedienitis mit chronischer Hellsichtigkeit«. Wenn Sie also stets auf die Frage *Weißt du, wo …?* eine Antwort parat haben, ist jeder Zweifel ausgeräumt. Beginnen Sie noch heute mit einer Therapie. Linderung kann nur durch stetige Einnahme einer »Nein!-Ich-kann-jetzt-nicht«-Tablette (Einnahme nach

Bedarf) und dem Anlegen eines bewusstseinsverändernden heißen Wickels, der sie nicht mehr aufspringen und sofort reagieren lässt, erfolgen. Und konsultieren Sie auf keinen Fall Ihren Arzt oder Apotheker, sondern ein Reisebüro oder die nächstgelegene Wellness-Abteilung für einen Notfalltermin. Gute Besserung!

40.
FEHLER WIEDERHOLEN

O nein, wie konnte mir das schon wieder passieren?!

Schon wieder habe ich eine Aufgabe zugesagt, die ich definitiv nicht erledigen möchte. Wieso kann ich bei manchen Dingen nicht standhaft Nein sagen? Warum nur? Kennen Sie auch das schmerzende, beschämende Gefühl, das mit diesem Satz hochkommt? Jede Frau hat ihre blinden Flecken und Schwächen. Manchmal spüre ich sogar genau in dem Moment, in dem ich den Fehler begehe, dass ich ihn begehe, ohne ihn jedoch korrigieren zu können. Manchmal falle ich aber unmerklich in dasselbe Muster zurück und erst viel später komme ich zu der harten Erkenntnis, dass es mir schon wieder passiert ist. Da hilft nur eins: Ab jetzt schaue ich genau hin und passe auf.

Anstatt mit zunehmendem Alter das Muster der eigenen Fehler zu festigen, gilt es jetzt, mit weisem Blick auszusteigen aus der eigenen Verhaltensmisere. Das schreibt sich so einfach, denken Sie. Unser Alter kann uns dabei unterstützen. Eine gute Sache, die mit den Jahren kommt: Wir werden weiser und klarer im Kopf. Die Frauenärzteschaft ist sich einig: Der Nebel, verursacht durch Hormone, der uns Frauen in den Jahren die Sicht versperrt, in denen wir uns fortpflanzen und Kinder großziehen, legt sich in der Lebensmitte und die Weisheit hält Einzug. Also gilt es, diese einsetzende Weisheit auch zu nutzen. Diskutieren Sie offen mit Ihren besten Freundinnen Ihre Muster. Klare Worte sind jetzt Gold wert. Konsultieren Sie Profis, wenn Sie Unterstützung beim Erkennen und Vermeiden brauchen. Nutzen Sie dieses Zeitfenster, denn mit der neu gewonnenen Klarheit um das eigene Verhalten lebt es sich in der zweiten Lebenshälfte noch intensiver und besser.

41.
IMMER DASSELBE DENKEN

**Ich muss erst mal einen Kaffee trinken,
danach kann ich erste Verpflichtungen erfüllen.**

Mit dieser Denkroutine beginne ich gefühlt seit zwei Jahrzehnten den Tag und habe so nie herausgefunden, ob ich nicht doch vor acht Uhr zu irgendetwas fähig bin.

Ist Ihnen schon mal aufgefallen, dass Sie nicht nur in Routinen stecken, was Ihren motorischen Tagesablauf betrifft, sondern auch in Ihren Denkprozessen? Sie denken jeden Tag dieselben Gedanken, inklusive Sorgen und Ärgernissen. Auch in Ihrem Job, wenn Sie nicht gerade umgeschult oder völlig neu angefangen haben, denken Sie immer in denselben Mustern. Das ist für Ihr Gehirn auf Dauer keine Herausforderung, ganz im Gegenteil. Leider ist die berühmte lateinische Redewendung »Mens sana in corpore sano« für die Alterskohorte 50 plus wichtiger denn je. Der Geist will genauso gesund und fit sein wie der Körper. Also füttern Sie Ihren Geist mit neuen, ungewöhnlichen Themen und so mit neuen Gedanken. Sie müssen sich ja nicht überambitioniert in einen besonders abwegigen Wissenschaftszweig einarbeiten, um Ihre Denkmuster aus der Routine zu befreien. Aber es wird Ihrem Gehirn gefallen, wenn Sie es fordern und trainieren. Lesen Sie die unterschiedlichsten Bücher vom Klassiker bis hin zum thematisch abwegigen Sachbuch, lernen Sie eine Fremdsprache, erobern Sie sich ein kompliziertes Denkmodell, rechnen Sie mal wieder im Kopf anstatt auf dem Handy-Taschenrechner und staunen Sie, wie gut es sich anfühlt, die ausgetretenen Gedankengänge hinter sich zu lassen. Und ein flexibler Geist fühlt sich nur in einem aktiven Körper wohl. Seien Sie gespannt, wie sich das auf Ihre Bewegungsabläufe auswirkt.

42.
SICH MIT EXTREMSPORTARTEN UNNÖTIG IN GEFAHR BEGEBEN

Haben Sie auch immer mehr Freundinnen, die es in der zweiten Lebenshälfte den Männern gleichtun und plötzlich den Extremsport für sich entdecken? Die Besteigung eines Achttausenders, eine Erdumrundung mit dem Fahrrad oder per Segelschiff oder ein Hochseetauchgang mit garantierter Haisichtung muss es für sie sein. *Woher rührt dieser späte Drang nach Adrenalin?*, frage ich mich jedes Mal. Warum müssen sich immer mehr Menschen Extremen aussetzen? Natürlich ist es ein berauschendes Gefühl, im Himalaya halb erfroren auf einem der Gipfel zu stehen und dem Himmel so nah zu sein wie noch nie. Oder aus eigener Kraft unglaubliche Strecken zurückgelegt zu haben, von der Haibegegnung ganz zu schweigen.

Aber ist es nicht viel berauschender, im Park zu joggen mit dem Wissen, dass ich weder auf einem Gipfel noch in der Tiefsee verfrüht mein Ende finden werde?

Oder an einem lauen Sommerabend auf einem Stand-up-Paddleboard den Sonnenuntergang zu bewundern oder nach einer Wanderung auf einer Anhöhe den Blick zu genießen? In meinen Augen täten wir Frauen um die 50 besser daran, uns auch hier an den Inselbewohnern von Okinawa zu orientieren. Diese berühmten 100-Jährigen absolvieren täglich ein moderates Sportprogramm, das aus viel Bewegung besteht. Bereits bei 7.500 Schritten täglich setzt ein lebensverlängernder Effekt ein, und diesen können Sie toppen, indem Sie ab und an noch ein Buch lesen, aber bitte nicht im Gehen! Ist das nicht genial?!

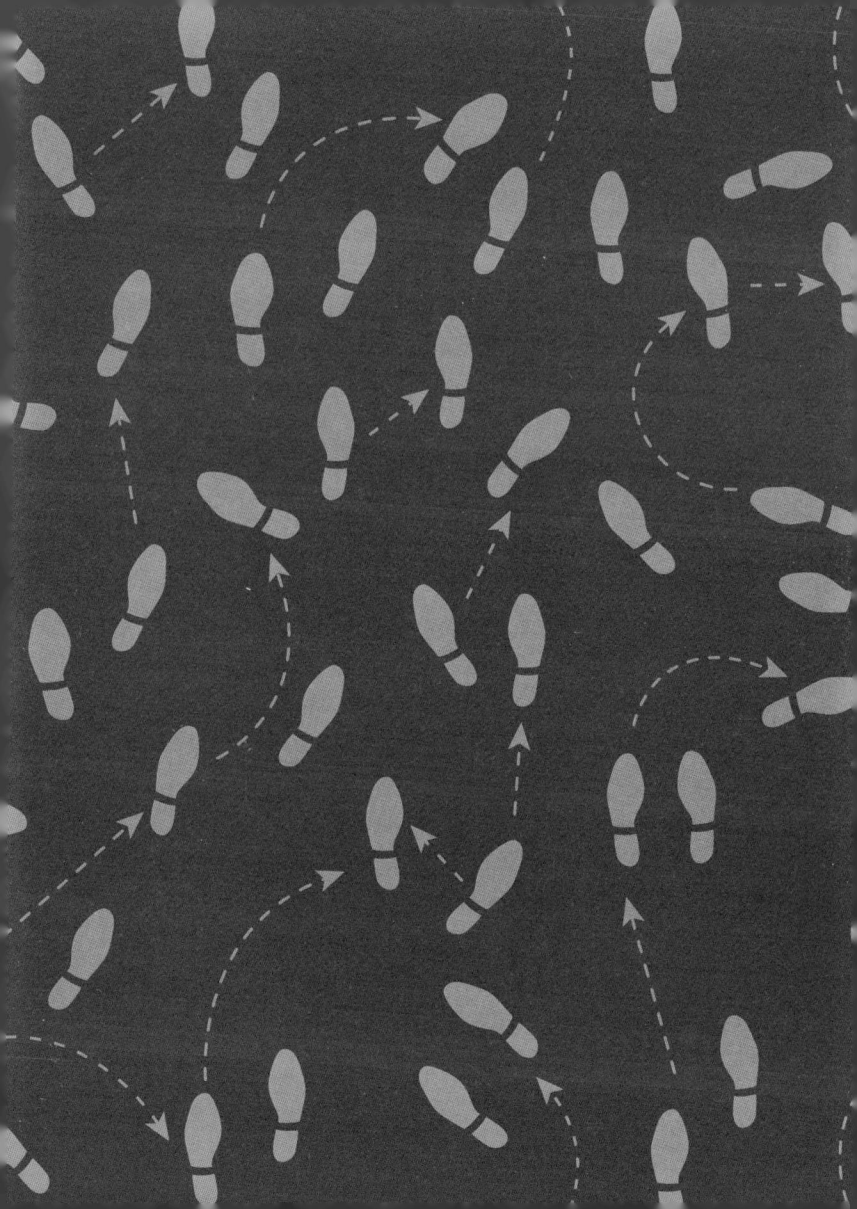

43.
FEIERN, BIS DIE FLASCHE LEER IST

Ich erinnere mich noch daran, als wäre es gestern gewesen – feuchtfröhlich die Nächte durchfeiern, während der Kater am nächsten Tag zwar durchaus heftig, aber zeitlich überschaubar war. Am frühen Abend war ich oft schon wieder für Schandtaten bereit. Und dann ist etwas Komisches passiert: Der Alkohol wurde weniger, die Partynächte wurden kürzer, aber der Kater zeigte sich umso aufdringlicher. Schlimmer noch: Er wollte partout nicht mehr verschwinden. Was für ein Elend! Was war passiert? Ein Fehler im System?

Nein, einfach nur die Tatsache, dass mein launischer Körper Alkohol nicht mehr so gut abbaut, seit er über 40 ist.

Sei es der abnehmende Wasserhaushalt, die weniger effiziente Leberfunktion, die Einnahme von Medikamenten oder das Einsetzen der Wechseljahre, die sich bemerkbar machen.

Was also tun? Mir beweisen, dass ich noch das alte Party-Gen der 80er-Jahre habe, und gnadenlos weiterfeiern wie bisher? Oder mich kategorisch jeglicher feuchtfröhlichen nächtlichen Feieraktion verweigern? Meine Lösung? Die Zwischenlösung: Bei passendem Anlass feiere ich tüchtig weiter, gern bis in die frühen Morgenstunden, gönne mir aber weniger alkoholische Getränke, dafür umso mehr Wasser. Ich trinke es literweise. Versuchen Sie doch auch mal die Zwischenlösung. Sie werden sehen, Sie fühlen sich dann am nächsten Morgen zwar immer noch nicht topfit, aber das liegt dann am fehlenden Schlaf und der körperlichen Verausgabung auf der Tanzfläche!

44.
LEISTUNG VOR LEIDENSCHAFT STELLEN

Vom Sport bis hin zur Musik – es gibt viele Möglichkeiten, sich neben Job und Familie auszuleben, neue Energie zu tanken und vom Alltag abzuschalten. Aber mit 50 plus ist das, was einst so einfach war, auf einmal mühsamer geworden. Sie überlegen, ob es nicht doch an der Zeit ist kürzerzutreten?

Begehen Sie in Ihrer zweiten Lebenshälfte nicht den Fehler, Ihr geliebtes Hobby aufzugeben.

Halten Sie es wie Marie-Luise Jordan, die älteste Synchronschwimmerin der berühmten Isarnixen. Sie ist das beste Vorbild, dass wir unsere Leidenschaften bis ins hohe Alter ausüben können. Mit über 90 Jahren steigt die Münchnerin nämlich auch heute noch regelmäßig ins Wasser, vollführt wunderschöne Figuren und gibt ihr wertvolles Wissen an die Jugend weiter. Für sie war Aufgeben keine Option.

Also bleiben Sie dabei und besuchen Sie stolz erhobenen Hauptes die Seniorengruppe Ihres Vereins. Ignorieren Sie die dämliche Bezeichnung, die laut Wikipedia bereits alle ab 30 einschließt. Eine Tätigkeit, die Sie die Zeit vergessen lässt und mit Freude erfüllt, gilt es zu hegen und zu pflegen bis zum letzten Atemzug. Üben Sie Ihre Leidenschaft dann auch noch im Team aus, steigt zusätzlich Ihre Lebenserwartung. Wie genial ist das denn!

45.
FALSCHEN TRÄUMEN NACHJAGEN

**Die Zeitspanne zwischen
45 und 55 hat es in sich.**

Gerne ereilt die Männer in diesem Lebensabschnitt die sogenannte Midlife-Crisis. Aber auch uns Frauen betört der Wunsch nach Veränderung und Selbstverwirklichung gleichermaßen. Glücklicherweise! Wir setzen eine Zäsur nicht nur privat, sondern oft auch beruflich. Das muss gar nicht schlecht sein, wenn nach einer turbulenten Zeit des Umsturzes, des Neubeginns oder auch der Fragen die richtigen Entscheidungen folgen.

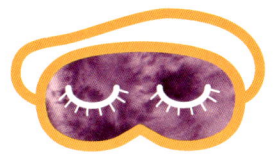

Wenn Sie der Kinder zuliebe in einer schlechten Ehe verharrt haben und Ihnen jetzt eine neue Liebe winkt, scheint das eine wunderbare zweite Chance zu sein. Wenn Sie in Ihrem Job nie wirklich glücklich waren und Ihre Stärken ganz woanders liegen, wagen Sie einen Neubeginn. Aber Vorsicht vor Kurzschlusshandlungen. Wenn Sie die letzten Jahre nicht gern gebacken haben, eröffnen Sie bitte nicht eine kleine romantische Zuckerbäckerei. Wenn Sie in Ihrer Ehe gerade durch ein Tal gehen, aber auf wunderbare gemeinsame Jahre zurückblicken können, überlegen Sie, in Paartherapie zu gehen oder sich eine Auszeit zu nehmen, anstatt sofort finale Tatsachen zu schaffen. Ich habe mir zum Beispiel mehr berufliche Freiheit gegönnt und wagte den Wechsel vom Angestelltenverhältnis in die Selbstständigkeit. Für mich damals ein mutiger Schritt, der mir nun täglich Freude bereitet. Welcher Traum bringt Sie jetzt im Leben weiter?

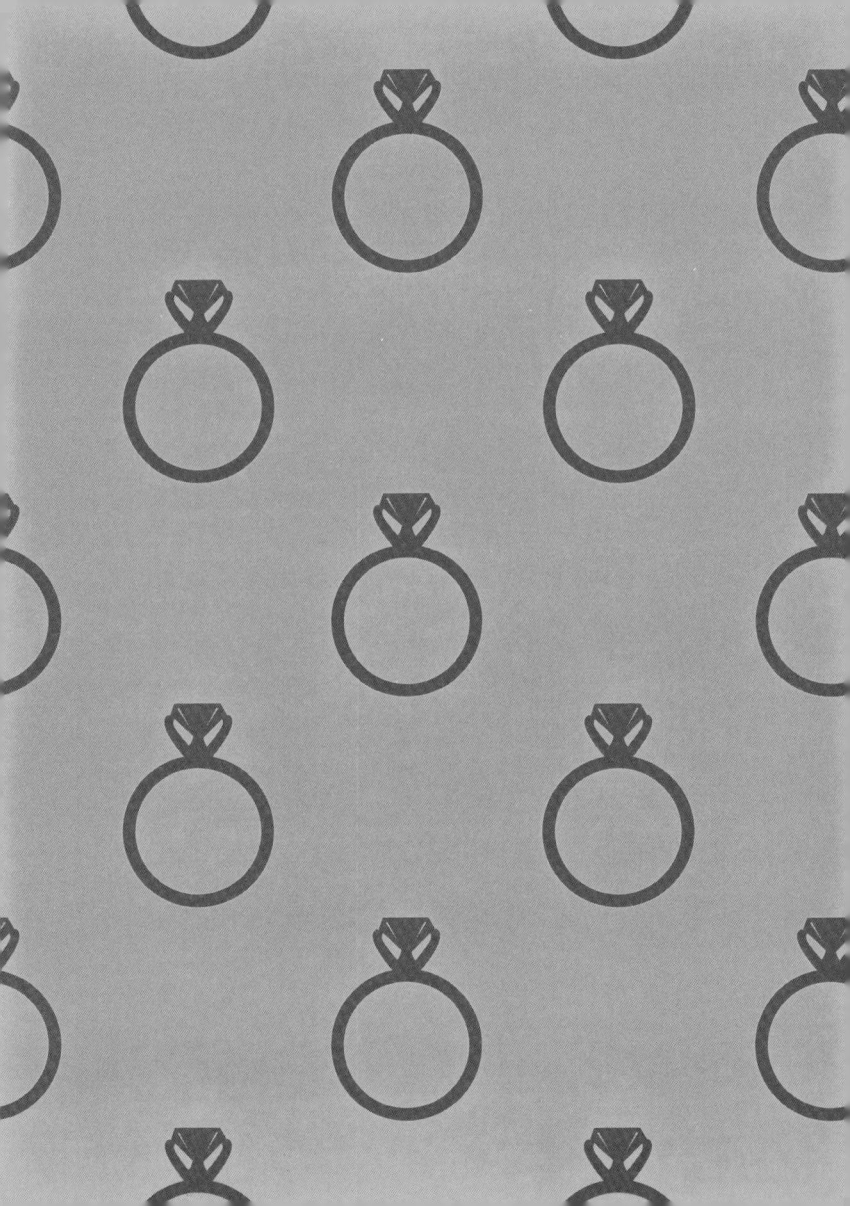

46.
EINZELKÄMPFERIN SEIN

Eines der Geheimnisse, die zu einem langen, glücklichen Leben führen, ist die Gemeinschaft. Die meisten 100-Jährigen sind aktiver Teil einer Gemeinschaft. Fangen Sie heute schon damit an, sich Ihr soziales Umfeld für die restliche Lebenszeit zu schaffen. Investieren Sie Ihre Kraft und Ihre Bemühungen auch in ein gutes familiäres Umfeld. Fassen Sie sich ein Herz und lösen Sie alte Streitigkeiten und Misstöne im Familienverbund auf. Ein Telefonat, eine Einladung zum Essen oder ein gemeinsamer Spaziergang können ein Anfang sein.

Umgeben Sie sich ausschließlich mit Freunden, die Ihnen guttun, die sie unterstützen und ein Ohr für Ihre Sorgen und Gedanken haben.

Nehmen Sie sich wiederum auch Zeit für Ihre Freunde, seien Sie großzügig mit Ihrer Zeit. Pflegen Sie Rituale, planen Sie gemeinsame Ausflüge. Und vor allem: Feiern Sie rauschende Feste! Suchen Sie sich ein soziales Umfeld in Ihrem Viertel. Finden Sie heraus, was zu Ihnen passt, und erweitern Sie so Ihren Horizont. Lernen Sie Menschen kennen, deren Wege sich wohl nie mit dem Ihren kreuzen würden. So sind Sie wunderbar mit verschiedenen Gruppen verbunden, haben immer einen Ansprechpartner, können gemeinsame Erlebnisse planen und auch Hilfe annehmen. Das wirkt sich positiv auf Körper und Geist aus, bringt Zufriedenheit und hält Sie bis ins hohe Alter fit. Und es gibt dann immer noch genug Momente, die Sie allein für sich auf der Couch genießen können.

47.
DEM HUMOR ABSCHWÖREN

Meine Kinder finden, ich bin alt und streng – und sagen das auch noch lautstark.

Meine Mutter wiederum hält mich oft für kindisch und kritisiert in einer Tour an mir herum. In der Bankfiliale nennt der pickelige Azubi mich gestelzt *gnädige Frau* und im Job werde ich hinter vorgehaltener Hand liebevoll als kompetentes »Urgestein« betitelt. Zu guter Letzt schmachtet mein Partner abends vor der Glotze die blutjunge Moderatorin im Jeansminirock an. Zugegeben: Ich schmachte Daniel Craig an. Da steht es dann unentschieden. Ich werde dennoch das Gefühl nicht los, dass gerade wir mittelalten Frauen gern mal abgestempelt und kritisiert werden. Jetzt heißt es schlau sein und die richtige Abzweigung nehmen.

Wir können wählen zwischen Humor und Kränkung. Sollten wir mit der Kränkung liebäugeln, was nur allzu verständlich wäre, wird unser Leben leider nicht einfacher. Aber das wissen wir bereits. Wie wär's, wenn wir in Richtung Humor abbiegen würden? Wir stoßen einfach den einen oder anderen lauten Lacher aus und garnieren ihn mit einer witzigen Replik. Humor besitzt zudem die wunderbare Eigenschaft, Aggressionen und Spannungen aus einer Situation zu nehmen und soziale Brücken zu bauen. Ihr Humor wird Sie auf alle Fälle positiver durch den Tag bringen – und Lachen ist eh die beste Medizin!

48.

AN DER WEIHNACHTLICHEN
MATERIALSCHLACHT TEILNEHMEN

Die Last-Minute-Exkursion in die Innenstadt, die mit endlosem Anstehen in langen Schlangen vor den Kassen ihren Höhepunkt nimmt, während sich unter dem dicken Wintermantel Schweiß unangenehm breitmacht und die Laune einem ähnlichen Höhepunkt zutreibt wie die Weihnachtsmusik, die in der Endlosschleife aus den Lautsprechern plärrt. Kommt Ihnen das bekannt vor? Ja, genau, die Rede ist von der vorweihnachtlichen Materialschlacht, die uns Frauen jährlich einholt, egal wie ernst die Schwüre im Vorjahr gemeint waren oder wie gut die Planung im November erschien.

**Müssen wir uns diesen Shoppingstress
in unserem Alter noch antun?**

Sind wir immer noch diejenigen, die dafür sorgen, dass am Heiligen Abend auch jedes Familienmitglied ein Geschenk unter dem Baum findet? Wann, wenn nicht in der Vorweihnachtszeit, können wir dem Konsumwahnsinn spürbar ein Ende setzen? *Keine Geschenke an Weihnachten? Geht gar nicht!*, sagen Sie jetzt kopfschüttelnd. Doch, das geht! Schenken Sie opulent an den Geburtstagen, während Sie an den Konsumfeiertagen, wenn ganz Deutschland auf den Shoppingbeinen ist, Ihre Liebsten und sich mit kostbarer Zeit bescheren, zum Beispiel in Form von Essenseinladungen, Ausflügen, gemeinsamen Unternehmungen. »Weniger Zeug und mehr Zeit« ist hier das Motto. Das erhöht nicht nur Ihre Chancen auf eine besinnliche Adventszeit und beeinflusst positiv Ihre Klimabilanz, sondern wirkt auch Wunder für Ihre sozialen Kontakte.

49.
GEHEIME WÜNSCHE IGNORIEREN

Sie haben einen geheimen Wunsch,
den Sie weder Ihrem Partner noch
Ihrer besten Freundin anvertrauen?
Und dieser Wunsch lässt Sie einfach nicht los?

Willkommen im Klub! Viele Frauen in der magischen Lebensmitte haben geheime Wünsche. Doch auch heute noch erfüllen sich viele selbstbewusste Frauen ihre Wünsche nicht. Sei es aus Scham, sei es aus Angst vor Kritik oder Ablehnung. Hier hilft nur, über den eigenen Schatten zu springen oder für immer zu schweigen. So dramatisch sollte es doch für uns Frauen im 21. Jahrhundert nicht mehr sein. Die gute Nachricht: Genau die Erfüllung solch geheimer Wünsche bringt oft eine besonders lang anhaltende Zufriedenheit mit sich.

Sie träumen von einer absurd teuren Designerhandtasche? Kaufen Sie sie, schließlich ist so eine Tasche der Garant für beste Behandlung in jeder noch so exklusiven Umgebung – auch wenn

Sie in Jeans und Sneakers auftauchen. Außerdem steigen einige Modelle stetig im Wert. So haben Sie zusätzlich eine clevere Investition getätigt.

Sie träumen von einer Schönheits-OP? Lassen Sie sich operieren, wenn der Eingriff Ihnen das lang ersehnte verbesserte Selbstwertgefühl gibt. Wenn Sie sich dann in Ihrem Körper wohler fühlen, wirkt sich das auf Ihre Lebensqualität positiv aus.

Was immer Sie sich im Geheimen seit Langem wünschen, arbeiten Sie an der Erfüllung. Das ist viel befriedigender, als sich mit frustrierendem Wunschdenken herumzuplagen.

50.

UNWISSEND INS ALTER GEHEN

Mädelsabend, feuchtfröhlich am Ende eines lauen Sommertags. *Ich will bildschön mit einem Lover im Bett im Alter von 101 sterben!,* **sagt Silvie und strahlt uns an.**

Wir lachen. Ich trinke einen Schluck kühlen Weißwein und sinniere laut vor mich hin: *Ich will in einem Topkörper und geistig fit meine Enkelkinder zum Abiball begleiten.* Anne kichert schon leicht beschwipst: *Dann müssen wir aber viel Geld im Fitness- und im Kosmetikstudio ausgeben!*

An diesem Abend beschließen wir drei, gemeinsam gesund und munter ins hohe Alter zu gehen.

Auf dem Weg dorthin gibt es einiges zu beachten und viel zu gewinnen. Okay, von regelmäßigem Fleischkonsum, industriell verarbeitetem Essen, zu viel Milchprodukten und Zucker sollten wir natürlich absehen. Und jetzt kommt's: Wer sich angewöhnt hat, täglich eine große Runde spazieren zu gehen und draußen in der Natur zu sein, will dieses Wohlgefühl plötzlich nicht mehr missen. Die Kilos schmelzen nur so dahin, die Haut schimmert rosig und die Endorphine rauschen durch unseren Körper. Wir kommen dabei ganz wunderbar in den Flow. Von diesem beglückenden Zustand völliger Vertiefung und restlosen Aufgehens in einer Tä-

tigkeit wollen wir mehr. Und wenn wir jetzt noch beachten, was kluge Menschen über das Alter herausgefunden haben, dann steht unserem Wohlbefinden nichts
mehr im Weg. Simone de Beauvoir hat ein großartiges
Werk verfasst, »Das Alter«, welches beeindruckend zeit-
los ist. Zu guter Letzt betreiben wir noch Feldstudien
und fragen ungeniert rüstige Senioren aus, denen das
Alter weniger anhaben kann als ihren Altersgenossen.

Machen Sie mit!

So sind auch Sie bestens gewappnet für die Zeit,
die für jede von uns zu einem anderen Zeitpunkt beginnt.

Aus Verantwortung für die Umwelt hat sich die Verlagsgruppe Droemer Knaur
zu einer nachhaltigen Buchproduktion verpflichtet. Der bewusste Umgang mit
unseren Ressourcen, der Schutz unseres Klimas und der Natur gehören
zu unseren obersten Unternehmenszielen.

Gemeinsam mit unseren Partnern und Lieferanten setzen wir uns für eine
klimaneutrale Buchproduktion ein, die den Erwerb von Klimazertifikaten
zur Kompensation des CO_2-Ausstoßes einschließt.

Weitere Informationen finden Sie unter: **klimaneutralerverlag.de**

Cover: Nicole Pfeiffer, Hamburg

Innenteil: CSA Images/Getty Images; Digital VisionVectors/Getty Images: filo,
enjoynz, traffic_analyzer, RobinOlimb, miakievy, AlonzoDesign, Jobalou,
JakeOlimb, bortonia, diane555, wujekjery, carduus; Shutterstock.com:
Shiffarigum, KamimiArt; Nicole Pfeiffer, Hamburg

© 2021 Pattloch Verlag.
Ein Imprint der Verlagsgruppe Droemer Knaur GmbH & Co. KG, München
Grafik und Satz: www.nicolepfeiffer.com
Gesamtherstellung: Grafisches Centrum Cuno GmbH & Co. KG, Calbe
ISBN 978-3-629-00093-4
www.pattloch.de
2 4 5 3 1